Professeure.

JOURNAL DE COMMUNICATION

The Life Graduate
PUBLISHING GROUP

PRÉNOM ______________________________

ÉCOLE __________________________________

AN __________

INFORMATIONS DE CONTACT

NOM D'ÉTUDIANT

DATE DE NAISSANCE

Nom du parent - Mère

Numéro de contact

Email du contact

Nom du parent - Père

Numéro de contact

Email du contact

Contact d'urgence n ° 1 - Nom et relation

Numéro de contact

Contact d'urgence n ° 2 - Nom et relation

Numéro de contact

Information médicale

Autres détails et informations

INFORMATIONS DE CONTACT

NOM D'ÉTUDIANT

DATE DE NAISSANCE

Nom du parent - Mère

Numéro de contact

Email du contact

Nom du parent - Père

Numéro de contact

Email du contact

Contact d'urgence n° 1 - Nom et relation

Numéro de contact

Contact d'urgence n° 2 - Nom et relation

Numéro de contact

Information médicale

Autres détails et informations

INFORMATIONS DE CONTACT

NOM D'ÉTUDIANT

DATE DE NAISSANCE

Nom du parent - Mère

Numéro de contact

Email du contact

Nom du parent - Père

Numéro de contact

Email du contact

Contact d'urgence n° 1 - Nom et relation

Numéro de contact

Contact d'urgence n° 2 - Nom et relation

Numéro de contact

Information médicale

Autres détails et informations

INFORMATIONS DE CONTACT

NOM D'ÉTUDIANT

DATE DE NAISSANCE

Nom du parent - Mère

Numéro de contact

Email du contact

Nom du parent - Père

Numéro de contact

Email du contact

Contact d'urgence n° 1 - Nom et relation

Numéro de contact

Contact d'urgence n° 2 - Nom et relation

Numéro de contact

Information médicale

Autres détails et informations

INFORMATIONS DE CONTACT

NOM D'ÉTUDIANT

DATE DE NAISSANCE

Nom du parent - Mère

Numéro de contact

Email du contact

Nom du parent - Père

Numéro de contact

Email du contact

Contact d'urgence n ° 1 - Nom et relation

Numéro de contact

Contact d'urgence n ° 2 - Nom et relation

Numéro de contact

Information médicale

Autres détails et informations

INFORMATIONS DE CONTACT

NOM D'ÉTUDIANT

DATE DE NAISSANCE

Nom du parent - Mère

Numéro de contact

Email du contact

Nom du parent - Père

Numéro de contact

Email du contact

Contact d'urgence n° 1 - Nom et relation

Numéro de contact

Contact d'urgence n° 2 - Nom et relation

Numéro de contact

Information médicale

Autres détails et informations

INFORMATIONS DE CONTACT

NOM D'ÉTUDIANT

DATE DE NAISSANCE

Nom du parent - Mère

Numéro de contact

Email du contact

Nom du parent - Père

Numéro de contact

Email du contact

Contact d'urgence n° 1 - Nom et relation

Numéro de contact

Contact d'urgence n° 2 - Nom et relation

Numéro de contact

Information médicale

Autres détails et informations

INFORMATIONS DE CONTACT

NOM D'ÉTUDIANT

DATE DE NAISSANCE

Nom du parent - Mère

Numéro de contact

Email du contact

Nom du parent - Père

Numéro de contact

Email du contact

Contact d'urgence n° 1 - Nom et relation

Numéro de contact

Contact d'urgence n° 2 - Nom et relation

Numéro de contact

Information médicale

Autres détails et informations

INFORMATIONS DE CONTACT

NOM D'ÉTUDIANT

DATE DE NAISSANCE

Nom du parent - Mère

Numéro de contact

Email du contact

Nom du parent - Père

Numéro de contact

Email du contact

Contact d'urgence n ° 1 - Nom et relation

Numéro de contact

Contact d'urgence n ° 2 - Nom et relation

Numéro de contact

Information médicale

Autres détails et informations

INFORMATIONS DE CONTACT

NOM D'ÉTUDIANT

DATE DE NAISSANCE

Nom du parent - Mère

Numéro de contact

Email du contact

Nom du parent - Père

Numéro de contact

Email du contact

Contact d'urgence n° 1 - Nom et relation

Numéro de contact

Contact d'urgence n° 2 - Nom et relation

Numéro de contact

Information médicale

Autres détails et informations

INFORMATIONS DE CONTACT

NOM D'ÉTUDIANT

DATE DE NAISSANCE

Nom du parent - Mère

Numéro de contact

Email du contact

Nom du parent - Père

Numéro de contact

Email du contact

Contact d'urgence n° 1 - Nom et relation

Numéro de contact

Contact d'urgence n° 2 - Nom et relation

Numéro de contact

Information médicale

Autres détails et informations

INFORMATIONS DE CONTACT

NOM D'ÉTUDIANT

DATE DE NAISSANCE

Nom du parent - Mère

Numéro de contact

Email du contact

Nom du parent - Père

Numéro de contact

Email du contact

Contact d'urgence n° 1 - Nom et relation

Numéro de contact

Contact d'urgence n° 2 - Nom et relation

Numéro de contact

Information médicale

Autres détails et informations

INFORMATIONS DE CONTACT

NOM D'ÉTUDIANT

DATE DE NAISSANCE

Nom du parent - Mère

Numéro de contact

Email du contact

Nom du parent - Père

Numéro de contact

Email du contact

Contact d'urgence n° 1 - Nom et relation

Numéro de contact

Contact d'urgence n° 2 - Nom et relation

Numéro de contact

Information médicale

Autres détails et informations

INFORMATIONS DE CONTACT

NOM D'ÉTUDIANT

DATE DE NAISSANCE

Nom du parent - Mère

Numéro de contact

Email du contact

Nom du parent - Père

Numéro de contact

Email du contact

Contact d'urgence n° 1 - Nom et relation

Numéro de contact

Contact d'urgence n° 2 - Nom et relation

Numéro de contact

Information médicale

Autres détails et informations

INFORMATIONS DE CONTACT

NOM D'ÉTUDIANT

DATE DE NAISSANCE

Nom du parent - Mère

Numéro de contact

Email du contact

Nom du parent - Père

Numéro de contact

Email du contact

Contact d'urgence n° 1 - Nom et relation

Numéro de contact

Contact d'urgence n° 2 - Nom et relation

Numéro de contact

Information médicale

Autres détails et informations

INFORMATIONS DE CONTACT

NOM D'ÉTUDIANT

DATE DE NAISSANCE

Nom du parent - Mère

Numéro de contact

Email du contact

Nom du parent - Père

Numéro de contact

Email du contact

Contact d'urgence n° 1 - Nom et relation

Numéro de contact

Contact d'urgence n° 2 - Nom et relation

Numéro de contact

Information médicale

Autres détails et informations

INFORMATIONS DE CONTACT

NOM D'ÉTUDIANT

DATE DE NAISSANCE

Nom du parent - Mère

Numéro de contact

Email du contact

Nom du parent - Père

Numéro de contact

Email du contact

Contact d'urgence n ° 1 - Nom et relation

Numéro de contact

Contact d'urgence n ° 2 - Nom et relation

Numéro de contact

Information médicale

Autres détails et informations

INFORMATIONS DE CONTACT

NOM D'ÉTUDIANT

DATE DE NAISSANCE

Nom du parent - Mère

Numéro de contact

Email du contact

Nom du parent - Père

Numéro de contact

Email du contact

Contact d'urgence n° 1 - Nom et relation

Numéro de contact

Contact d'urgence n° 2 - Nom et relation

Numéro de contact

Information médicale

Autres détails et informations

INFORMATIONS DE CONTACT

NOM D'ÉTUDIANT

DATE DE NAISSANCE

Nom du parent - Mère

Numéro de contact

Email du contact

Nom du parent - Père

Numéro de contact

Email du contact

Contact d'urgence n° 1 - Nom et relation

Numéro de contact

Contact d'urgence n° 2 - Nom et relation

Numéro de contact

Information médicale

Autres détails et informations

INFORMATIONS DE CONTACT

NOM D'ÉTUDIANT

DATE DE NAISSANCE

Nom du parent - Mère

Numéro de contact

Email du contact

Nom du parent - Père

Numéro de contact

Email du contact

Contact d'urgence n ° 1 - Nom et relation

Numéro de contact

Contact d'urgence n ° 2 - Nom et relation

Numéro de contact

Information médicale

Autres détails et informations

INFORMATIONS DE CONTACT

NOM D'ÉTUDIANT

DATE DE NAISSANCE

Nom du parent - Mère

Numéro de contact

Email du contact

Nom du parent - Père

Numéro de contact

Email du contact

Contact d'urgence n ° 1 - Nom et relation

Numéro de contact

Contact d'urgence n ° 2 - Nom et relation

Numéro de contact

Information médicale

Autres détails et informations

INFORMATIONS DE CONTACT

NOM D'ÉTUDIANT

DATE DE NAISSANCE

Nom du parent - Mère

Numéro de contact

Email du contact

Nom du parent - Père

Numéro de contact

Email du contact

Contact d'urgence n° 1 - Nom et relation

Numéro de contact

Contact d'urgence n° 2 - Nom et relation

Numéro de contact

Information médicale

Autres détails et informations

INFORMATIONS DE CONTACT

NOM D'ÉTUDIANT

DATE DE NAISSANCE

Nom du parent - Mère

Numéro de contact

Email du contact

Nom du parent - Père

Numéro de contact

Email du contact

Contact d'urgence n ° 1 - Nom et relation

Numéro de contact

Contact d'urgence n ° 2 - Nom et relation

Numéro de contact

Information médicale

Autres détails et informations

INFORMATIONS DE CONTACT

NOM D'ÉTUDIANT

DATE DE NAISSANCE

Nom du parent - Mère

Numéro de contact

Email du contact

Nom du parent - Père

Numéro de contact

Email du contact

Contact d'urgence n ° 1 - Nom et relation

Numéro de contact

Contact d'urgence n ° 2 - Nom et relation

Numéro de contact

Information médicale

Autres détails et informations

INFORMATIONS DE CONTACT

NOM D'ÉTUDIANT

DATE DE NAISSANCE

Nom du parent - Mère

Numéro de contact

Email du contact

Nom du parent - Père

Numéro de contact

Email du contact

Contact d'urgence n ° 1 - Nom et relation

Numéro de contact

Contact d'urgence n ° 2 - Nom et relation

Numéro de contact

Information médicale

Autres détails et informations

INFORMATIONS DE CONTACT

NOM D'ÉTUDIANT

DATE DE NAISSANCE

Nom du parent - Mère

Numéro de contact

Email du contact

Nom du parent - Père

Numéro de contact

Email du contact

Contact d'urgence n ° 1 - Nom et relation

Numéro de contact

Contact d'urgence n ° 2 - Nom et relation

Numéro de contact

Information médicale

Autres détails et informations

INFORMATIONS DE CONTACT

NOM D'ÉTUDIANT

DATE DE NAISSANCE

Nom du parent - Mère

Numéro de contact

Email du contact

Nom du parent - Père

Numéro de contact

Email du contact

Contact d'urgence n ° 1 - Nom et relation

Numéro de contact

Contact d'urgence n ° 2 - Nom et relation

Numéro de contact

Information médicale

Autres détails et informations

INFORMATIONS DE CONTACT

NOM D'ÉTUDIANT

DATE DE NAISSANCE

Nom du parent - Mère

Numéro de contact

Email du contact

Nom du parent - Père

Numéro de contact

Email du contact

Contact d'urgence n° 1 - Nom et relation

Numéro de contact

Contact d'urgence n° 2 - Nom et relation

Numéro de contact

Information médicale

Autres détails et informations

INFORMATIONS DE CONTACT

NOM D'ÉTUDIANT

DATE DE NAISSANCE

Nom du parent - Mère

Numéro de contact

Email du contact

Nom du parent - Père

Numéro de contact

Email du contact

Contact d'urgence n° 1 - Nom et relation

Numéro de contact

Contact d'urgence n° 2 - Nom et relation

Numéro de contact

Information médicale

Autres détails et informations

INFORMATIONS DE CONTACT

NOM D'ÉTUDIANT

DATE DE NAISSANCE

Nom du parent - Mère

Numéro de contact

Email du contact

Nom du parent - Père

Numéro de contact

Email du contact

Contact d'urgence n° 1 - Nom et relation

Numéro de contact

Contact d'urgence n° 2 - Nom et relation

Numéro de contact

Information médicale

Autres détails et informations

INFORMATIONS DE CONTACT

NOM D'ÉTUDIANT

DATE DE NAISSANCE

Nom du parent - Mère

Numéro de contact

Email du contact

Nom du parent - Père

Numéro de contact

Email du contact

Contact d'urgence n°1 - Nom et relation

Numéro de contact

Contact d'urgence n°2 - Nom et relation

Numéro de contact

Information médicale

Autres détails et informations

INFORMATIONS DE CONTACT

NOM D'ÉTUDIANT

DATE DE NAISSANCE

Nom du parent - Mère

Numéro de contact

Email du contact

Nom du parent - Père

Numéro de contact

Email du contact

Contact d'urgence n° 1 - Nom et relation

Numéro de contact

Contact d'urgence n° 2 - Nom et relation

Numéro de contact

Information médicale

Autres détails et informations

INFORMATIONS DE CONTACT

NOM D'ÉTUDIANT

DATE DE NAISSANCE

Nom du parent - Mère

Numéro de contact

Email du contact

Nom du parent - Père

Numéro de contact

Email du contact

Contact d'urgence n ° 1 - Nom et relation

Numéro de contact

Contact d'urgence n ° 2 - Nom et relation

Numéro de contact

Information médicale

Autres détails et informations

INFORMATIONS DE CONTACT

NOM D'ÉTUDIANT

DATE DE NAISSANCE

Nom du parent - Mère

Numéro de contact

Email du contact

Nom du parent - Père

Numéro de contact

Email du contact

Contact d'urgence n° 1 - Nom et relation

Numéro de contact

Contact d'urgence n° 2 - Nom et relation

Numéro de contact

Information médicale

Autres détails et informations

INFORMATIONS DE CONTACT

NOM D'ÉTUDIANT

DATE DE NAISSANCE

Nom du parent - Mère

Numéro de contact

Email du contact

Nom du parent - Père

Numéro de contact

Email du contact

Contact d'urgence n ° 1 - Nom et relation

Numéro de contact

Contact d'urgence n ° 2 - Nom et relation

Numéro de contact

Information médicale

Autres détails et informations

INFORMATIONS DE CONTACT

NOM D'ÉTUDIANT

DATE DE NAISSANCE

Nom du parent - Mère

Numéro de contact

Email du contact

Nom du parent - Père

Numéro de contact

Email du contact

Contact d'urgence n° 1 - Nom et relation

Numéro de contact

Contact d'urgence n° 2 - Nom et relation

Numéro de contact

Information médicale

Autres détails et informations

INFORMATIONS DE CONTACT

NOM D'ÉTUDIANT

DATE DE NAISSANCE

Nom du parent - Mère

Numéro de contact

Email du contact

Nom du parent - Père

Numéro de contact

Email du contact

Contact d'urgence n° 1 - Nom et relation

Numéro de contact

Contact d'urgence n° 2 - Nom et relation

Numéro de contact

Information médicale

Autres détails et informations

INFORMATIONS DE CONTACT

NOM D'ÉTUDIANT

DATE DE NAISSANCE

Nom du parent - Mère

Numéro de contact

Email du contact

Nom du parent - Père

Numéro de contact

Email du contact

Contact d'urgence n ° 1 - Nom et relation

Numéro de contact

Contact d'urgence n ° 2 - Nom et relation

Numéro de contact

Information médicale

Autres détails et informations

INFORMATIONS DE CONTACT

NOM D'ÉTUDIANT

DATE DE NAISSANCE

Nom du parent - Mère

Numéro de contact

Email du contact

Nom du parent - Père

Numéro de contact

Email du contact

Contact d'urgence n ° 1 - Nom et relation

Numéro de contact

Contact d'urgence n ° 2 - Nom et relation

Numéro de contact

Information médicale

Autres détails et informations

INFORMATIONS DE CONTACT

NOM D'ÉTUDIANT

DATE DE NAISSANCE

Nom du parent - Mère

Numéro de contact

Email du contact

Nom du parent - Père

Numéro de contact

Email du contact

Contact d'urgence n° 1 - Nom et relation

Numéro de contact

Contact d'urgence n° 2 - Nom et relation

Numéro de contact

Information médicale

Autres détails et informations

The Life Graduate
PUBLISHING GROUP

www.ingramcontent.com/pod-product-compliance
Lightning Source LLC
LaVergne TN
LVHW060142080526
838202LV00049B/4060
* 9 7 8 1 9 2 2 4 8 5 1 4 4 *